BEI GRIN MACHT SICH IHR
WISSEN BEZAHLT

Strategiebericht für ein Gesundheitsstudio in Düsseldorf

Darius Schoppus

Bibliografische Information der Deutschen Nationalbibliothek:

Die Deutsche Nationalbibliothek verzeichnet diese Publikation in der Deutschen Nationalbibliografie; detaillierte bibliografische Daten sind im Internet über http://dnb.d-nb.de abrufbar.

ISBN: 9783346697752
Dieses Buch ist auch als E-Book erhältlich.

Druck und Bindung: Books on Demand GmbH, Norderstedt Germany
Gedruckt auf säurefreiem Papier aus verantwortungsvollen Quellen

Das vorliegende Werk wurde sorgfältig erarbeitet. Dennoch übernehmen Autoren und Verlag für die Richtigkeit von Angaben, Hinweisen, Links und Ratschlägen sowie eventuelle Druckfehler keine Haftung.

Das Buch bei GRIN: https://www.grin.com/document/1255874

Deutsche Hochschule für
Prävention und Gesundheitsmanagement
Hermann-Neuberger-Sportschule 3
66123 Saarbrücken

Hausarbeit

Studiengang	**Master of Arts – Prävention und Gesundheitsmanagement**
Studienmodul	**Strategische Unternehmensführung 1**
Datum Präsenzphase (siehe Ergebnisdokumentation)	**18.10. – 20.10.2021**
Aufgabe	**Erstellung eines Strategieberichts für ein Gesundheitsstudio in Düsseldorf**

Inhaltsverzeichnis

1 Darstellung der Ausgangssituation

Im ersten Schritt wird ein Standort für das neue Gesundheitsstudio festgelegt.

1.1 Wahl des Standortes

Der Standort des neuen Gesundheitsstudios in Düsseldorf befindet sich im Stadtbezirk 3, genauer im Stadtteil Volmerswerth und ist somit südwestlich im Stadtgebiet Düsseldorf einzuordnen. Im Stadtbezirk 3 wohnen insgesamt 120.994 Einwohner, davon 50,9% weiblich und 59,1% männlich (Landeshauptstadt Düsseldorf – Amt für Statistik und Wahlen, 2020). Der Altersdurchschnitt liegt bei 41,2 Jahren. Außerdem ist eine postive Zuwanderungsrate zu verzeichnen (+828) (Landeshauptstadt Düsseldorf, Amt für Statistik und Wahlen, 2020). In unmittelbarer Nähe befinden sich verschiedene Lebensmittelläden, Restaurants und Unternehmen. Andere Fitnessstudios und/oder andere Gesundheitsstudios sind in näherer Umgebung nicht angesiedelt. Der Standort ist sehr gut über verschiedene Wege zu erreichen. Es gibt eine Bushaltestelle, mehrere U-Bahn-Stationen und verschiedene gut ausgebaute Straßen, die zum Standort führen (B326, A46, Dreieck Düsseldorf-Bilk). Außerdem gibt es zahlreiche Parkplätze direkt vor dem Gebäude am Straßenrand, einen kleinen Parkplatz im Hinterhof mit 25 Parkplätzen und ein Parkhaus 200m entfernt.

1.2 Beschreibung des Unternehmenstyps

Betrachtet wird der Unternehmenstyp „Gesundheitsstudio". Als Gesundheitsstudio grenzt sich das Studio bewusst von konventionellen Fitnessstudios ab. Ziel ist es, nicht als Freizeiteinrichtung, sondern als Gesundheitseinrichtung angesehen zu werden. Die Menschen sollen das Studio aufsuchen, um ihre Gesundheit zu verbessern, wiederherzustellen und präventiv dafür zu sorgen, dass das Risiko für Zivilisationskrankheiten signifikant verringert wird. Als Gesundheitsstudio wird zusätzlich zum Fitnesstraining auch gesundheitsorientiertes Training, Entspannungskurse, Wellness und physiotherapeutische Maßnahmen angeboten, um ein ganzheitliches Angebot für eine bessere Gesundheit und ein besseres Wohlbefinden anbieten zu können.

Im Folgenden werden die einzelnen strategischen Geschäftsfelder aufgezeigt, die Produkte dargestellt und die Geschäftsfelder beschrieben.

Tabelle 1: Beschreibung der strategischen Geschäftsfelder (SGF)

Strategisches Geschäftsfeld (SGF)	Produkte	Beschreibung
Gesundheitsorientiertes Krafttraining	- Gerätetraining - Freihanteltraining - Functionaltraining (frei oder an Pixformance) - Training an Slingtrainer - Personaltraining	Krafttraining mit speziell ausbildeten Trainern an hochwertigen, medizinisch zugelassenen Krafttrainingsmaschinen. Außerdem Freihanteltraining und Functionaltraining mit Betreuung durch oben erwähnte Trainer. Trainingssteuerung durch spezielle Software.
Gesundheitsorientiertes Ausdauertraining	- Pulsgesteuertes Training - Diagnostiktests - Wettkampfvorbereitung (Leichtathletik, Marathon usw.)	Ausdauertraining mit Pulskontrolle an hochwertigen, medizinisch zugelassenen Cardiogeräten (Laufband, Fahrrad, Crosstrainer, Oberkörperergometer) + Pulsgurt. Betreuung durch speziell ausgebildete Trainer und Steuerung des Trainings durch spezielle Softwarelösungen.
Firmenfitness	- Qualitrain - Spezielle Firmenverträge - Ganzes Angebot des Studios kann genutzt werden	Umliegende Firmen können sich bei uns für Firmenfitness registrieren. Die Mitarbeiter der gemeldeten Firmen können vergünstigt bei uns trainieren. Als Gegenleistung werben die Firmen für uns bei ihren Mitarbeitern. Außerdem können die Firmen Kurse für ihre Mitarbeiter buchen (siehe gesundheitsorientierte Kurse), welche ebenso ermäßigt sind.
Working Area/ Coworking Space	- Freies WLAN - Schreibtische mit Steckdosen + Beleuchtung - Getränke - Mikrowelle	Für Personen, die einen gesunden Lebensstil mit ihrer Arbeit verbinden möchten. So können Selbstständige, Freiberufler, Leute im Homeoffice usw. bei uns trainieren und ohne Zeitverlust direkt in die Arbeit übergehen. Die Working Area kann zum normalen Vertrag dazugebucht (Flatrate) oder jeweils einzeln gebucht werden (auch für externe Kunden).

Begründung der verschiedenen SGF:

Gesundheitsorientiertes Kraft- und Ausdauertraining:

Diese beiden SGF werden gemeinsam begründet, da von beiden ein enormer gesundheitlicher Nutzen für die Menschen ausgeht. Sie bilden die Grundbasis des Gesundheitsstudios, da sie zu messbaren Verbesserungen der Gesundheit führen.

Die Trainingspläne in unserem Gesundheitsstudio werden so aufgebaut, dass sie zu optimaler Verbesserung der Gesundheit führen - je nach Zielsetzung des Kunden auch zu einer signifikanten Leistungsverbesserung. Um die Ergebnisse messbar zu machen, wird zu Beginn eine Leistungsdiagnostik wie zum Beispiel Kraft- und Ausdautests, sowie eine ausführliche Anamnese durchgeführt und protokolliert.

Unsere Empfehlungen bauen wir auf Basis der „Nationalen Empfehlung für Bewegung und Bewegungsförderung" (Rütten & Pfeifer, 2018, S.24 ff.) auf. Es handelt sich dabei um eine Zusammenfassung aktueller Evidenz zum ganzheitlichen Thema der körperlichen Aktivität, wobei vor allem die Kombination aus Kraft- und Ausdauertraining betrachtet wird. Wir bieten den Kunden mit unserem Angebot ein ganzheitliches Konzept zur Verbesserung des körperlichen Wohlbefindens und zeigen ihnen messbare Verbesserung ihrer körperlichen Leistungsfähigkeit durch diagnostische Verfahren (Maximalkrafttests, CardioScan, Leistungsdiagnostik an Fahrradergometern und Laufbändern).

Firmenfitness:

Folgende Abbildung gibt einen Überblick über die Nutzung betrieblicher Gesundheitsförderung in Deutschland:

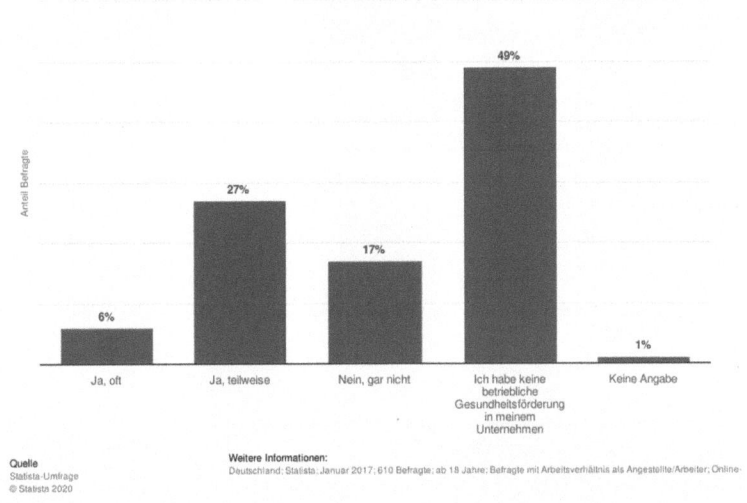

Abbildung 1: Umfrage zur Nutzung betrieblicher Gesundheitsförderung (Statista, 2020)

Daraus lässt sich schließen, dass dieser Markt ein erhebliches Potenzial für unser Gesundheitsstudio hat. Deshalb wird es bei uns einerseits die Koorperation mit QualiTrain geben, aber auch spezielle Verträge mit umliegenden Unternehmen.

Working Area/ Coworking-Space:

Coworking Spaces entwickeln sich nach und nach zu einer echten Lösung für ein modernes Arbeitsumfeld der Zukunft. Dieser Trend lässt sich wunderbar in unser Gesundheitsstudio integrieren, um sportliche Aktivität besser im Alltag einzubauen, auch wenn man viel für die Arbeit zu tun hat.

Folgende Grafiken zeigen erneut gut auf, wie der Trend bei Coworking Spaces aussieht, auch nach Corona. Auf eine nähere Beschreibung wird im Rahmen dieses Strategiebe- richtes verzichtet, da die Grafiken alleine schon sehr aussagekräftig sind. Man sieht deut- lich das enorme Potenzial dieses Geschäftsfeldes, welches die Entscheidung für dieses begründet.

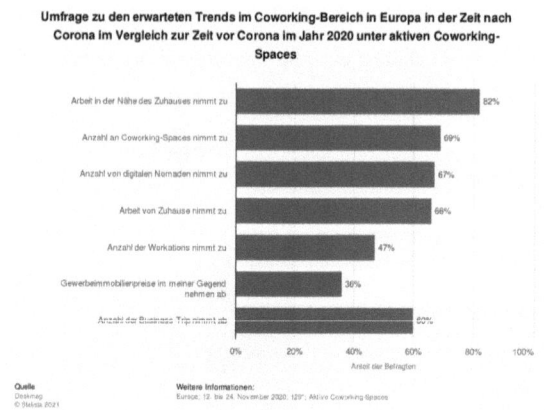

Abbildung 2: Umfrage zu den erwarteten Trends im Coworking-Bereich (Deskmag, 2021; zitiert nach Statista, 2021)

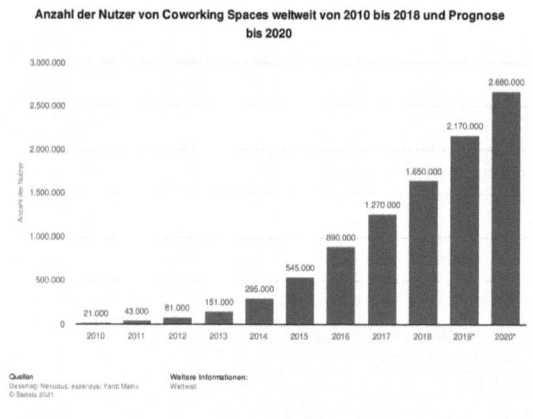

Abbildung 3: Anzahl der Nutzer von Coworking Spaces weltweit (Deskmag, 2019; zitiert nach Sta- tista, 2021)

2 Phase der strategischen Zielplanung

2.1 Unternehmerische Vision/Mission/Grundwerte

2.1.1 Die Vision

„Wir werden Deutschlands hochwertigste, serviceorientierteste und umweltbewussteste Kette für Gesundheitsstudios. Wir stellen den Anlaufspunkt Nummer 1 im Themenbereich „Gesunde Bewegung" dar – immer dem aktuellen Wissensstand folgend."

2.1.2 Die Mission

„Wir bereichern den Alltag unserer Mitglieder und sorgen für mehr Lebensqualität durch perfekten Service, beste Qualität unserer Angebote und auf die Kundenbedürfnisse abgestimmte Trainingspläne."

2.1.3 Die Grundwerte

Im Rahmen der Grundwerte wurde sich auf folgende fünf Werte festgelegt, welche das tägliche Handeln in den Gesundheitsstudios bestimmen soll:

1. Wir bereichern den Besuch unserer Kunden und Kundinnen durch exezellenten Service.
2. Wir versuchen unser Bestmöglichstes, um die Gesundheit unserer Kunden und Kundinnen zu verbessern oder wiederherzustellen.
3. Wir bestechen durch unser freundliches und zuvorkommendes Auftreten gegenüber Mitgliedern und Mitmenschen.
4. Wir lieben es, uns weiterzubilden und up-to-date zu bleiben.
5. Wir gehen mit der Zeit. Sowohl digital, als auch ökologisch. Wir nutzen innovative Lösungen für den Umweltschutz.

2.2 Strategische Zielplanung

Im Zuge der strategischen Zielplanung werden folgend tabellarisch die vier Unternehmensziele dargestellt, die in fünf Jahren erreicht werden sollen.
Die Reihenfolge der Ziele hat nichts mit der Gewichtung dieser zu tun.

Übergeordnetes Ziel	Ausführliche Beschreibung
Inderdisziplinäres Team aufbauen	Spätestens in fünf Jahren ein zehnköpfiges Team aus Sportwissenschaftlern, Physiotherapeuten, Schmerztherapeuten, dual Studierenden, ausgebildeten Gesundheitstrainern und ausgebildeten Servicekräften für den Standort Düsseldorf.
Zufriedenheit der Kunden	In drei Jahren bei Zufriedenheitsumfragen 75% der Befragten überwiegend zufrieden, in fünf Jahren über 80% überwiegend zufrieden mit langfristig steigender Tendenz.
Marktanteil ausbauen	In drei Jahren führender Gesundheitsanbieter im Stadtbezirk 3, in fünf Jahren führender Gesundheitsanbieter in Düsseldorf.
Postive Klimabalanz	In fünf Jahren Klimaneutralität (CO_2-Neutralität) und in sieben Jahren eine positive Klimabalanz (Einspeisung von Strom ins Stromnetzwerk, durch Cardiogeräte und Solarenergie).

2.3 Branchenvergleich

Um einen besseren Überblick darüber zu bekommen, wo das eigene Gesundheitsstudio im Vergleich mit anderen Gesundheitsstudios/Fitnessstudios mit seiner Vision, Mission und den Grundwerten steht, wird nun ein Branchenvergleich durchgeführt.

Der eigentliche Branchenvergleich soll regional stattfinden, jedoch ist es im regionalen Raum (Düsseldorf) schwierig, einen Vergleich durchzuführen, da es kein direkt vergleichbares Unternehmen vor Ort gibt bzw. die Unternehmen ihre Werte oft nicht öffentlich machen (Homepage, Social Media). Stattdessen werden die McFit-Studios und die Kieser-Training-Studios genauer betrachtet, da unser Unternehmen ebenso plant, deutschlandweit zu expandieren.

McFit:

Die McFit-Studios stammen aus der Unternehmensgruppe „RSG-Group", zu welcher neben McFit auch JohnReed, High5 und viele andere Marken gehören. Die Vision von McFit Gründer Rainer Schaller war es, Fitness für jeden zugänglich zu machen. Diese Vision setzt er bis heute um, denn die Preise bei McFit sind bis heute sehr günstig. Die Grundwerte von McFit sind: Innovation, Transparenz und Vertrauen (RSG-Group , 2021).

Kieser-Training:

Kieser-Training feiert eine lange Tradition und ist etabliert am Markt. 1967 wurde die Kieser-Training AG von Werner Kieser gegründet und nach und nach eröffneten seine Studios in Deutschland. Heute sind es 117 Studios. Kieser-Training steht für gerätegestütztes Krafttraining ohne Musik und andere Dinge, die ablenken könnten (Kieser-Training AG, 2021). Außerdem steht Kieser-Training für überzeugte Kunden, Leidenschaft, wissenschaftlich fundierte Methoden, Handlungsstärke und Glaubwürdigkeit, sowie

Teamgeist und Miteinander (Kieser-Training AG, 2021). Die Vision von Werner Kieser war es, die Welt zu kräftigen (Kieser-Training AG, 2021).

Fazit:

Generell kann man sagen, dass die grundlegenden Ziele der meisten Studios und auch von McFit und Kieser-Training auf die Verbesserung der Fitness und das Binden der Kunden ausgelegt sind. Oft sind die Ziele quantitativ und ökonomisch ausgerichtet. Gerade die kleineren, privaten Studios haben oft keine Vision, Mission und Grundwerte, sowie keine strategischen Ziele definiert. Gemeinsamkeiten zu McFit und Kieser-Training lassen sich vor allem in Bezug auf die Kundenzufriedenheit feststellen. Außerdem wollen beide Unternehemen dem Kunden ein möglichst gutes, qualitativ hochwertiges Training bieten. Dennoch lassen sich diesbezüglich auch Unterschiede zu unserem Unternehmen feststellen. Denn keines der Unternehmen strebt eine Qualitätsführerschaft an. Außerdem sind keine ökologischen Ziele bei ihnen etabliert. Langfristig bietet sich somit eine sehr gute Chance, sich als Gesundheitsstudiokette am landesweiten Markt zu behaupten und vor allem regional in Düsseldorf mit dem ersten Standort Marktanteile zu gewinnen.

3 Phase der strategischen Analyse und Prognose

Nachdem die Phase der strategischen Zielplanung nun erfolgreich abgeschlossen ist, wird die Phase der strategischen Analyse und Prognose näher beleuchtet.

Um einen Überblick darüber zu bekommen wie rentabel der Markt für Gesundheitsstudios sein kann, wird nachfolgend eine Branchenstrukturanalyse anhand des Five-Forces-Modell von Porter durchgeführt.

3.1 Branchenstrukturanalyse

Für eine übersichtliche Darstellung der „five forces" wird im Rahmen dieses Strategieberichtes eine tabellarische Ansicht gewählt.

Tabelle 3: Branchenstrukturanalyse

Mitbewerber der Branche (Rivalen)	Potenzielle Konkurrenten/Mitbewerber	Verhandlungsmacht der Kunden	Gefahr durch Ersatzprodukte	Verhandlungsmacht der Lieferanten
- andere Gesundheitsstudios - Fitnessstudios	- Markteintrittsbarrieren tendenziell höher, als bei nor-	- gering, da die Preise durch die hohe Qualität und das großflächige	- Schwimmbäder - Sporteinrichtungen und Vereine - Wellnessanlagen	- geringe Verhandlungsstärke, da durch die geplante Expansion viele

- Wellnesseinrich-tungen - Physiotherapie-einrichtungen, Therapiezentren - Schwimmbäder, Saunalandschaften	malen Fitnessstudios wegen höherem Kostenaufwand - durch Ziel der Qualitätsführerschaft zusätzliche Erhöhung der Eintrittsbarrieren - Bedrohung eher durch große Unternehmen mit mehr Kapital	Angebot rechtzufertigen sind - Vergleich mit günstigen Fitnessstudios ist nicht gegeben, da eine andere Zielsetzung und ein größeres Angebot vorliegt	- Physiotherapiepraxen - Heilpraktiker - Online-Angebote - Arztpraxen - generell Anbieter, die zu einem besseren Wohlbefinden führen oder das Ziel der Gesundheitsverbesserung haben - Spaziergänge	Lieferungen nötig sind (eventuell Aufbau von Exklusivverträgen) - Anfangs eventuell noch eine höhere Verhandlungsmacht, aber mit steigendem Bestellaufkommen abflachend

Ergänzend wird darauf hingewiesen, dass die Bedrohung neuer Konkurrenten, die Verhandlungsstärke der Kunden, Ersatzprodukte oder -dienste und die Verhandlungsstärke der Lieferanten allesamt Kräfte sind, die auf alle Wettbewerber der Branche einwirken.

3.2 SWOT-Analyse

Als weiteres Anaylsetool wird die SWOT-Analyse herangezogen. Es werden zwei Teilanalysen dieses Tools verwendet, die Umwelt- und die Unternehmensanalyse. Die Aussagen werden dann begründet und belegt. Anschließend werden die Ergebnisse übersichtlich in einer SWOT-Matrix dargestellt und daraus für jedes Feld der Matrix je zwei Strategien abgeleitet. Der besseren Übersicht geschuldet, wird im Rahmen dieses Strategieberichtes jedoch die Darstellung im Fließtext verwendet.

Unternehmensanalyse bzw. Stärken-/Schwächenanalyse:

Als erster Schritt der SWOT-Analyse folgt in tabellarischer Darstellung die Unternehmensanalyse unseres Gesundheitsstudios:

Tabelle 4: Unternehmensanaylse (Ressourcenanalyse)

Stärken (Strenghts)	Schwächen (Weaknesses)
Qualitativ hochwertiges Personal (gute Ausbildung, Erfahrung)	Teurer als andere Anbieter (vor allem normale Fitnessstudios)
Breites Angebot für ein verbessertes Wohlbefinden und ein Steigern der Gesundheit	Wenig Erfahrung am Markt für Gesundheitsstudios → Düsseldorf wird das erste Studio insgesamt
Sehr guter Standort (gute Erreichbarkeit, Parkplätze, wenige Konkurrenten im näheren Umfeld) → Standort Düsseldorf, aber Anforderungen an die anderen Standorte sind ähnlich	Anfangs keine Kurse und keine Wellnessangebote
Atmosphäre/Ambiente zum Wohlfühlen	Zielgruppe eher ältere Menschen bzw. Berufstätige
Modernes Konzept (Working Area, Digitalisierung, ökologisches Denken)	
Gute Kaufkraft, da ein großes Unternehmen hinter dem Gesundheitsstudio steht	

Nach der Unternehmensanalyse folgt nun die Umweltanalyse um die SWOT-Analyse zu komplettieren.

Umweltanalyse bzw. Chancen-/Risikoanalyse:

Tabelle 5: Umweltanalyse

Chancen (Opportunities)	Risiken (Threats)
Höheres Gesundheitsbewusstsein durch die Coronapandemie	Durch günstige andere Anbieter Gefahr durch Ablehnung der höheren Preise eines Gesundheitsstudios
Durch Home-Office-Pflicht Wachstumspotenzial für die Working-Area	Eindringen neuer Konkurrenten aufgrund niedriger Einstiegsbarriere in den Markt (größere Unternehmen könnten recht einfach einsteigen)
Wachsende Branche, vor allem nach der Pandemie Chance auf erneuten Fitness- und Gesundheitsboom	Misstrauen der Menschen durch Pandemie bezüglich (längerer) Verträge in Fitnessstudios
Durch wachsendes Umweltbewusstsein der Bevölkerung gute Chancen auf ein angesehenes Image durch das ökologische Handeln unseres Gesundheitsstudios	Abhängigkeit von gutem Personal, um Qualität hoch zu halten
Durch flexibel gestaltete Vertragsmodelle Vertrauen der Menschen gewinnen (vor allem in Bezug auf die Pandemie)	Schwierige Lieferbedingungen durch Pandemie, da viele Geräte aus Übersee (USA, Asien) kommen

Nachfolgend werden anhand der Unternehmensanalyse und der Umweltanalyse verschiedene Strategien festgelegt. Wie in der Kapiteleinleitung erwähnt werden diese Strategien nicht in Form einer SWOT-Matrix dargestellt, sondern übersichtlich untereinander im Fließtext aufgelistet. Es werden zu jedem Strategiefeld jeweils zwei Strategien definiert.

S-O-Strategien (Strenghts-Opportunities):

1. Da durch die Pandemie ein größeres Gesundheitsbewusstsein in der Bevölkerung zu verzeichnen ist, können wir mit unserem hochwertigen Angebot und unserem gut ausgebildeten Personal punkten. Deshalb ist es von elementarer Bedeutung, zeitnah unseren Personalpool weiter auszubauen und attraktive Bedingungen für Arbeitnehmer zu schaffen.

2. Durch unsere Working-Area bieten wir unseren Firmenkunden die Möglichkeit, Arbeitsplätze für ihre Mitarbeiter zu buchen und somit Arbeitsplätze auszulagern. Wir können somit unser Angebot für Firmenfitnesskunden ausbauen und dieses Segment langfristig verstärken. Außerdem können Mitglieder, die im HomeOffice arbeiten, auch bei uns arbeiten und somit einen gesunden Lebensstil in ihren Arbeitsalltag integrieren und langfristig Zeit sparen.

S-T-Strategien (Strenghts-Threats):

1. Um der Gefahr zu entgehen, dass uns Kunden aufgrund des höheren Preises meiden, sollten wir zu Beginn eine Werbe- und Image-Kampagne starten, in der wir

die Vorteile unseres Standortes, des hochwertigen Personals und der hochwertigen Ausstattung bzw. des hochwertigen Leistungsangebotes hervorheben.

2. Es sollte darauf geachtet werden, dass frühzeitig Angebote für Geräte und Ausstattung im Allgemeinen eingeholt werden, um zu vermeiden, dass etwas nicht rechtzeitig vor der Eröffnung des Studios ankommt. Dafür sollten wir am besten die Strukturen des Mutterkonzerns hinter den Gesundheitsstudios nutzen und den Herstellern exklusive Verträge anbieten, in denen wir festhalten, dass alle Geräte für zukünftige Studios aus einer Hand gekauft werden.

W-O-Strategien (Weaknesses-Opportunities):

1. Durch unser Leistungsangebot ist die Zielgruppe zwar eher bei der älteren Bevölkerungsgruppe anzutreffen, jedoch bietet sich die Chance durch unser umweltbewusstes Auftreten, die jüngere Bevölkerungsgruppe mit einzubeziehen. Wir sollten dahingehend PR betreiben, vor allem auf unseren Social-Media-Kanälen, um diese Chance zu nutzen.

2. Dadurch, dass wir recht unerfahren auf den Markt der Gesundheitsstudios einsteigen, können wir noch flexibel auf Kundenwünsche eingehen und gemeinsam mit unseren Mitgliedern wachsen. Vor allem anfangs sollten wir deshalb viel Feedback einholen und das größere Gesundheitsbewusstsein in der Bevölkerung ausnutzen. Wir richten dafür ein ausgeklügeltes Feedbacksystem ein und erweitern unser Angebot stetig, um den Bedürfnissen unserer Mitglieder gerecht zu werden.

W-T-Strategien (Weaknesses-Threats):

1. Aufgrund des Mangels an Erfahrung in der Branche sollten wir von Beginn an erfahrenes Personal einstellen, vor allem auf der Führungsebene. Es ist gerade in der angespannten Pandemielage unabdingbar, das Vertrauen der Geschäftspartner und Mitglieder zu gewinnen. So können wir der Gefahr entgehen, durch Misstrauen der Kunden, unseren Wachstumserwartungen nicht gerecht zu werden.

2. Eine unserer Schwächen ist es, dass wir tendenziell teurer sind als unsere Konkurrenten. Allerdings können wir diese Schwäche auch zu unserem Vorteil nutzen, indem wir langfristig Abläufe verbessern, um bei gleicher Kostenstruktur ein größeres Angebot bieten zu können. So können wir vermeiden, dass unsere Preise durch die Kunden abgelehnt werden. Die Qualitätsmaximierung hat weiterhin oberste Priorität, weshalb wir von Markteintritt an daran arbeiten, ein gutes Qua-

litätsmanagement in unsere Gesundheitsstudios zu integrieren und uns dahingehend zertifizieren zu lassen, um unser Image als Qualitätsführer auch nach außen
zu tragen.

3.3 Zielplanung

Aufgrund der durchgeführten Analysen kann davon ausgegangen werden, dass die Ziele
höchstwahrscheinlich in der Zukunft erreicht werden können.
Wichtig ist es, dass die Strategien in jedem Fall umgesetzt werden. Ob die Zeiträume für
die Ziele ausreichend oder eventuell sogar zu weit in der Zukunft gedacht sind, wird sich
innerhalb der ersten Geschäftsjahre herauskristallisieren. Zum jetzigen Zeitpunkt besteht
jedoch kein Bedarf, die Zielplanung anzupassen. Dies ist vor allem dadurch begründet,
dass in Düsseldorf wenige konkurrierende Gesundheitsstudios am Markt sind. Zukünftig
sollten die Ziele im Rahmen der Expansion in ganz Deutschland noch einmal genauer
betrachtet werden.

4   Phase der Strategieformulierung

Nachdem die Phase der strategischen Analyse und Prognose nun abgeschlossen ist, werden im Folgenden verschiedene Strategien für das Gesundheitsstudio in Düsseldorf for-
muliert. Dabei werden einerseits die Strategien der Unternehemensebene und andererseits
die der Geschäftsbereichsebene dargestellt.

4.1 Strategieformulierung

Zuerst folgt die Strategieformulierung auf der Unternehmensebene:
Auf Unternehmensebene verfolgen wir zunächst eine Wachstumsstrategie, da unser über-
geordnetes Ziel langfristig lautet: Expansion in ganz Deutschland. Vorerst soll jedoch der
regionale Markt in und um Düsseldorf erobert werden. Dies soll vor allem durch die Pro-
dukt-Markt-Strategien nach Ansoff erreicht werden. Zuerst wird dafür die Strategie der
Produkt- und Leistungsentwicklung verfolgt. Wir wollen einerseits unsere bestehenden
Leistungen stetig verbessern, das bestehende Angebot aber auch langfristig ausbauen.
Dafür sollen zukünftig gesundheitsorientierte Kurse auch im Bereich „Ernährung" in un-
ser Produktportfolio eingebettet werden, wofür dann zusätzliches Personal benötigt wird.
Sobald unser Leistungsangebot am Standort Düsseldorf unseren Anforderungen sowohl

quantitativ aber vor allem auch qualitativ gerecht wird, starten wir mit einer weiteren Expansion innerhalb Nordrhein-Westfalens und später auch innerhalb ganz Deutschlands.

Nachfolgend wird die Strategieformulierung auf der Geschäftsbereichsebene erläutert: Auf Geschäftsbereichsebene ist es vor allem wichtig, Wettbewerbsstrategien zu formulieren, um am Markt bestehen zu können und sich Wettbewerbsvorteile gegenüber den (noch kommenden) Konkurrenten zu verschaffen. Dies soll im Fall unseres Gesundheitsstudios vor allem durch eine Qualitätsführerschaft erreicht werden. Kurz- und langfristig ist es unser höchstes Anliegen die Qualität in unseren Studios so hoch wie möglich zu halten und Abläufe stetig zu verbessern. Dies soll vor allem durch intelligente Feedbacksysteme für unsere Kunden und Geschäftspartner realisiert werden, um gemeinsam mit diesen zu wachsen. Langfristig wollen wir ein durchweg postives Image für all unsere Gesundheitsstudios aufbauen, sodass Kunden bewusst zu uns kommen, da sie wissen, dass sie bei uns die beste Leistung und den besten Service bekommen. Außerdem wollen wir mit unserem Firmenangebot und der Working Area eine Nische für Geschäftsleute erschaffen, um ihnen den Zugang zu hochqualitativen Bewegungsangeboten zu erleichtern und auch für diese Personengruppe die Anlaufstelle der Wahl werden, wenn es um die Verbesserung der eigenen Gesundheit geht.

4.2 Blue Ocean-Strategie

Im nachfolgendem Absatz wird auf die Blue Ocean-Strategie eingegangen.

Generell ist es schwer im Rahmen eines Gesundheitsstudios ein Blue-Ocean zu entwickeln, da im Verhältnis zu Fitnessstudios eher wenige Gesundheitsstudios am Markt sind. Trotzdem lassen sich gerade durch die Coronaviruspandemie Blue-Oceans realisieren. Da Deutschland prinzipiell in der Digitalisierung hinterherhinkt (im Vergleich zu vielen anderen europäischen und außereuropäischen Ländern), kann man gerade in diesem Bereich angreifen. Zum Beispiel durch die Entwicklung einer eigenen App, in Verbindung mit einer benutzerfreundlichen, modernen Website, um eine digitale Sprechstunde anzubieten. Außerdem könnte so ein digitaler Rundgang durch das Studio, eine digitale Dokumentation der Fortschritte und des Trainingsplanes und eventuell sogar eine studiointerne Cloudlösung ermöglicht werden. Dies wäre zwar kein reiner Blue-Ocean, da das Kernprinzip eines Gesundheitsstudios erhalten bleibt, jedoch wäre man in digitaler Hinsicht der Konkurrenz um einiges voraus. Zusätzlich könnten zudem einige Online-Angebote integriert werden, um für die Leute, die nicht ins Studio kommen möchten (wegen Corona oder anderer Gründe) ein Gesundheitsangebot zu integrieren.

Langfristig wird es für die Konkurrenzfähigkeit und für das Bestehen am Markt essenziell sein, digitale Angebote anzubieten und generell digital vernetzt zu sein (vgl. Roth, 2021).

5 Personalmanagement

Es werden zwingend geeignete Führungskräfte benötigt, welche wiederum später ihr eigenes Team zusammenstellen. Dabei ist es wichtig, dass verschiedene Eigenschaften gegeben sind. Diese Eigenschaften und das erwartete Führungsverhalten wird im nächsten Kapitel erläutert.

5.1 Führungsverhalten

Da wir gewisse Werte für das Gesundheitsstudio in Düsseldorf definiert haben, wird als Erstes von der Führungskraft erwartet, diese Werte zu leben und dies aus dem Bauch heraus, ohne vorher zu wissen, welche Werte das Unternehmen vertritt. Er soll ebenso Visionen haben, wie auch als Vorbild fungieren. Das heißt, er soll mit seinem Verhalten dafür sorgen, dass alle Mitarbeiter die selben Werte vertreten und sich genauso verhalten, wie die Führungskraft selbst. Dies ist vor allem für unser Ziel der Qualitätsführerschaft von essenzieller Bedeutung.

Wichtig ist auch der Leadership-Style der Führungskraft. Gerade in einem frischen, jungen Unternehmen mit neuen Mitarbeitern verschiedener Bereiche ist es wichtig, alles gut zu koordinieren und für die notwendige Motivation der Mitarbeiter zu sorgen, um das Unternehmen schnell voranzubringen.

Die Führungskraft sollte allgemein einen visionären bis coachenden Stil einnehmen. Er sollte also mit einer klaren Vision vorangehen und die Mitarbeiter mitreißen, diese erreichen zu wollen. Er sollte aber auch als Mentor zur Seite stehen, wenn Mitarbeiter nicht mithalten können, vor allem wenn eventuell noch etwas an Erfahrung fehlt oder das Tempo zu hoch gesetzt ist. Um diese beiden Leadership-Styles zu kombinieren, sind folgende drei emotionalen Eigenschaften am essenziellsten bei der Einstellung der neuen Führungskraft: Empathie, Selbstreflexion, Selbstvertrauen. Außerdem sollte die Führungskraft strukturiert arbeiten, ein sehr freundliches Auftreten an den Tag legen und ökologisch, sowie ethisch gewissenhaft arbeiten. Die erwarteten emotionalen Eigenschaften beziehen sich dabei auf eine Studie von Goleman (2000, S. 78 ff.), in welcher über 4000 Führungskräfte hinsichtlich ihrer Leadership-Styles untersucht wurden. Die restlichen Erwartungen ergeben sich aus den Zielen und Werten des Unternehmens. Das Unternehmen soll ein Ort sein, an dem sich Menschen (Mitglieder, als auch Mitarbeiter) wohl fühlen und es soll langfristig keinen Schaden an der Umwelt verursachen, weshalb es unabdingbar ist, dass die Führungskraft mit allen seinen Mitmenschen überaus freundlich umgeht und Wert auf umweltbewusstes Handeln legt.

5.2 Recruiting

Im Rahmen des Recruitings wird vor allem darauf geachtet, die Persönlichkeit der zukünftigen Führungskraft besser kennenzulernen. Trotzdem wird vor dem klassischen Bewerbungsgespräch ein Assessement-Center durchlaufen. In diesem Assessement-Center soll überprüft werden, ob die Bewerber für die Stelle sowohl psychisch, als auch fachlich geeignet sind. Insgesamt werden drei verschiedene Verfahren angewandt: die Postkorb-Methode, die führerlose Gruppendiskussion und ein allgemeiner Leistungstest.

Durch diese Verfahren werden grundsätzliche Fähigkeiten wie Empathie, Kommunikationsfähigkeit, Stressverhalten/-resistenz und strukturiertes Arbeiten abgefragt. In nächster Instanz wird das klassische Bewerbergespräch genutzt. Ziel ist es, durch das Gespräch gewisse Verhaltensmuster und persönliche Einstellungen der Person zu ermitteln.

Dafür wird ein halbstrukturiertes Interview genutzt. Der Interviewer hat zwar einen fixen Fragenkatalog, welchen er auch anwenden soll, allerdings soll sich der Bewerber vorher in einer Selbstdarstellung präsentieren. Auf diese Präsentation wird der Interviewer spontan eingehen und spezielle Fragen dazu äußern.

Zusätzlich zum Interviewer wird sich außerdem noch eine weitere Person in dem Bewerbungsgespräch befinden, welche aber keine Fragen stellt, sondern lediglich beobachtet. Diese Person dient dazu, das Gespräch zu protokollieren und sich Notizen zu dem Bewerber zu machen, um im Nachgang mit dem Interviewer das Gespräch zu reflektieren.

Folgende Fragen soll der Interviewer in dem Bewerbungsgespräch stellen:

- Wie gehen Sie vor, wenn etwas Unerwartetes Ihren Tagesablauf durcheinander bringt?
- Welches Tier würden Sie Ihrer Person zuordnen und warum?
- Wie würden Sie Ihren Alltag gestalten, wenn Sie nicht arbeiten müssten?
- Wie würden Sie sich ohne nachzudenken in drei Worten beschreiben?

- Was tun Sie als Erstes, wenn Sie auf der Arbeit ankommen?
- Ein Kollege hatte einen Trauerfall in der Familie. Wie reagieren Sie?

Weitere Fragen können auch spontan durch den Interviewer ergänzt werden. Die aufgelisteten Fragen dienen eher der Orientierung und können bei Bedarf angepasst werden. Ziel der Fragen ist es, die angeforderten Fähigkeiten und Eigenschaften des Bewerbers abzufragen.

6 Literaturverzeichnis

Deskmag. (23. Mai, 2019). *Anzahl der Nutzer von Coworking Spaces weltweit von 2010 bis 2018 und Prognose bis 2020* [Graph]. In Statista. Von https://ckijeiabie-Qpcnbsja1hkhc.bibliothek.dhfpg.de/statistik/daten/studie/1062528/umfrage/anzahl-der-nutzer-von-coworking-spaces-weltweit/ am 19.11.2021 abgerufen

Deskmag. (5. Januar, 2021). *Umfrage zu den erwarteten Trends im Coworking-Bereich in Europa in der Zeit nach Corona im Vergleich zur Zeit vor Corona im Jahr 2020 unter aktiven Coworking-Spaces* [Graph]. In Statista. Von https://ckijeiabie-Qpcnbsja1hkhc.bibliothek.dhfpg.de/statistik/daten/studie/1199647/umfrage/erwar-tete-trends-bei-coworking-spaces-in-der-zeit-nach-corona-in-europa/ abgerufen am 19.11.2021

Goleman, D. (2000). Leadership that gets results. *Harvard Business Review*, (März-April), 78-90.

Kieser Training AG. (2021). *Kieser-Training - 117x in Deutschland*. Von https://www.kieser-training.de/ abgerufen am 19.11.2021

Kieser Training AG. (2021). *Unternehmensgeschichte*. Von https://www.kieser-training.de/geschichte/ abgerufen am 19.11.2021

Landeshauptstadt Düsseldorf Amt für Statistik und Wahlen. (2020). *Statistikabzug aus dem Einwohnermelderegister*. Von https://www.duesseldorf.de/fileadmin/Amt12/statistik/stadtforschung/download/stadt bezirke/Stadtbezirk03.pdf abgerufen am 19.11.2021

Roth, J.-H. (03. 06 2021). *Digitale Erfolgspotenziale nach dem Restart*. Von https://www.fitnessmanagement.de/digital/fitnessstudios-restart-digitale-erfolgspotenziale abgerufen am 19.11.2021

RSG Group GmbH. (2021). *Unsere Unternehmenswerte*. Von https://www.mcfit.com/de/unternehmen/werte/ abgerufen

RSG Group GmbH. (2021). *Unsere Mission*. Von https://rsggroup.com/linke-haelfte/gruppe/mission/# abgerufen am 19.11.2021

Rütten, A., & Pfeifer, K. (2018). *Sonderheft 03: Nationale Empfehlungen für Bewegung und Bewegungsförderung*. Berlin, Deutschland: Bundeszentrale für gesundheitliche Aufklärung.

Statista. (Januar 2017). *Nutzen Sie die betriebliche Gesundheitsförderung in Ihrem Unternehmen?*. Deutschland. Von https://ckijeiabie-qpcnbsja1hkhc.bibliothek.dhfpg.de/statistik/daten/studie/221929/umfrage/umfrage-zur-nutzung-betrieblicher-gesundheitsfoerderung-durch-arbeitnehmer/ abgerufen am 19.11.2021

7 Abbildungs- und Tabellenverzeichnis

7.1 Abbildungsverzeichnis

7.2 Tabellenverzeichnis